#53 PACOIMA
Pacoima Branch Library
13605 Van Nuys Blvd.
Pacoima, CA 91331

Mm

Maria Puchol

Abdo
EL ABECEDARIO
Kids

abdopublishing.com

Published by Abdo Kids, a division of ABDO, PO Box 398166, Minneapolis, Minnesota 55439.
Copyright © 2018 by Abdo Consulting Group, Inc. International copyrights reserved in all countries.
No part of this book may be reproduced in any form without written permission from the publisher.

Printed in the United States of America, North Mankato, Minnesota.

102017
012018

THIS BOOK CONTAINS
RECYCLED MATERIALS

Photo Credits: iStock, Shutterstock

Production Contributors: Teddy Borth, Jennie Forsberg, Grace Hansen

Design Contributors: Christina Doffing, Candice Keimig, Dorothy Toth

Publisher's Cataloging in Publication Data

Names: Puchol, Maria, author.

Title: Mm / by Maria Puchol.

Description: Minneapolis, Minnesota : Abdo Kids, 2018. | Series: El abecedario |
    Includes online resource and index.

Identifiers: LCCN 2017941866 | ISBN 9781532103124 (lib.bdg.) | ISBN 9781532103728 (ebook)

Subjects: LCSH: Alphabet--Juvenile literature. | Spanish language materials--Juvenile literature. |
    Language arts--Juvenile literature.

Classification: DDC 461.1--dc23

LC record available at https://lccn.loc.gov/2017941866

Contenido

La Mm

María es **m**ayor que **M**arisol.

La Mm

Manuel **merienda m**anzanas con **m**iel.

La Mm

Es un **m**isterio que **M**ónica tenga **m**arionetas en las **m**anos.

La Mm

Marcos está listo para ir a **M**arruecos, tiene la **m**aleta y el **m**apa.

La Mm

Mercurio y **M**arte son planetas, al igual que la Tierra.

13

La Mm

Mongolia es un país **m**aravilloso de cultura **nómada**.

La Mm

La **m**aestra de **M**ilena **m**uestra cómo **m**edir plantas.

La Mm

Mauricio y **M**ateo ven medusas en el **m**ar de **M**éxico.

La Mm

¿Qué días de la semana empiezan con **m**?

(el **m**artes y el **m**iércoles)

Lunes

1

8

15

22

29

Calendario

Martes	Miércoles	Jueves	Viernes	Sábado	Domingo
2	3	4	5	6	7
9	10	11	12	13	14
16	17	18	19	20	21
23	24	25	26	27	28
30	31				

Más palabras con **Mm**

máscara

morado

murciélago

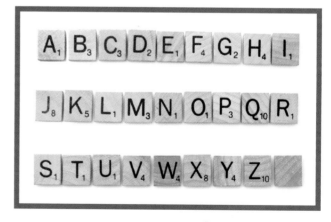

mayúsculas

Glosario

merienda
comida ligera que se hace a media tarde.

nómada
persona, tribu o pueblo que no tiene un lugar único para vivir, están en constante cambio.

Índice

abdokids.com

¡Usa este código para entrar en abdokids.com y tener acceso a juegos, arte, videos y mucho más!

Código Abdo Kids:
EAK2998